이야기대화식 책별 성경연구 » 신약

SERIES

이대희 지음 │ 바이블미션 편

마가복음 1

(마가복음 1~8장)

KB206245

엔크리스토
ENCHRISTO

그리스도인이라면 누구나 한 가지 소망이 있습니다. 그것은 성경 66권을 공부하는 일입니다. 이 일이 쉽지는 않지만 누구나 한 번쯤 도전하고 싶을 것입니다.

성경을 공부하는 방법으로는 보통 주제별, 제목별, 개관별 등의 방법이 있지만, 성경공부의 진수를 맛보려면 책별 성경공부 이상 좋은 것이 없습니다. 새롭게 편성하여 주제를 맞추어 공부하는 것보다는 성경 자체를 가감 없이 공부하는 것이 더욱 필요합니다.

이런 의도에서 필자는 엔크리스토 성경대학을 통하여 수강생들과 함께 수년 동안 책별로 매년 한 권씩 연구해 나가고 있습니다. '이야기대화식 책별 성경연구 시리즈' 는 그동안 성경대학에서 워크숍을 통해 함께 연구한 것을 토대로 다시 정리하고 펴낸 시리즈입니다. 탁상에서 집필한 것을 현장에서 사용함으로써 피드백을 거친 정통한 시리즈입니다. 어려운 작업이지만, 성경 66권 모두를 연구하고 펴낼 수 있기를 기도합니다.

성경을 공부하는 것은 영적 성장에 있어서 대단히 중요한 일입니다. 설교를 듣는 것으로는 영적 성장에 한계가 있습니다. 신앙의 홀로서기를 위해서는 개인적인 성경연구와 소그룹을 통한 성경공부가 필수입니다. 어느 한쪽으로 치우치지 않고 균형 잡힌 신앙, 즉 하나님이 원하시는 온전한 신앙으로 자라기 위해서는 성경 자체를 공부해야 합니다.

그동안 한국 교회에서는 주로 강해설교를 통해 성경공부를 했습니다. 그러나 이제는 한 걸음 더 나아가 성도들이 그룹으로 성경 본문 자체를 연구하면서 스스로 성경을 보는 눈을 키워야 합니다. 이를 위해서는 누구나 여행하는 마음으로 성경 속으로 들어가 공부할 수 있는 책별 성경공부가 필요하다는 생각이 들었습니다. 그래서 한국 상황에 맞는 이 시리즈가 탄생하게 되었습니다.

성경을 점점 더 멀리하는 이 시대이지만 주님께서는 성경을 통해 믿음이 다음 세대까지 전수되고 말씀을 통해 주님의 제자가 세워지기를 간절히 원하십니다. 저 또한 이야기대화식 성경연구 시리즈가 말씀을 회복하는 일에 쓰이기를 원합니다. 본 교재를 통해 성경의 참맛을 느끼고 말씀의 재미를 경험한다면 이보다 더 의미 있는 일은 없을 것입니다.

그동안 많은 분들이 이야기대화식 성경연구 방법을 현장에 적용하면서 성경을 보는 눈이 열리고 말씀을 재미있게 보게 되었다고 고백하고 있습니다. 이 교재를 사용하는 분들에게도 같은 은혜가 있기를 기도합니다. 말씀을 나누는 각 교회 현장에서 성경이 살아나고 영혼이 살아나며 교회와 가정과 이웃과 민족이 생기를 얻는다면 이보다 더 좋은 일은 없을 것입니다.

말씀을 통한 새 역사를 꿈꿉니다. 또 말씀이 동력이 되어 교회와 개인의 신앙이 성장하기를 소원합니다. 우리의 모든 삶은 세상적인 경험이나 사조, 유행이 아닌 말씀에서 나와야 합니다. 모든 것의 근원인 말씀에서 삶과 프로그램이 나온다면 그것이야말로 말씀의 성육신을 이루는 삶이라 할 수 있습니다. 이야기대화식 책별 성경연구 시리즈가 말씀의 생활화를 이루는 초석이 되기를 기도합니다.

성서사람 · 성서교회 · 성서한국 · 성서나라가
이루어지는 그날을 꿈꾸며
이대희

1 성경 전체 66권을 각 권별로 자유롭게 선택하여 사용할 수 있는 성경공부입니다.

2 드라마를 보며 여행하는 재미를 경험하는 내러티브 성경공부입니다.

3 모든 세대(중등부~장년부) 누구나 참여할 수 있는 총체적 성경공부입니다.

4 이야기와 대화를 사용하는 소그룹, 셀그룹, 구역 등에 적합한 성경공부입니다.

5 다양한 상황(성경강해, 기도회, 성경공부 모임)에 응용할 수 있는 성경공부입니다.

6 성경 전체를 체계적으로 연구할 수 있는 성경공부입니다.

7 장기적으로 신앙성장을 이루는 균형 잡힌 평생 양육 성경공부입니다.

8 귀납적 방법과 이야기대화식 방법을 조화시킨 한국 토양에 맞는 성경공부입니다.

9 말씀의 능력을 체험하면서 삶의 변화를 이루는 역동적 성경공부입니다.

10 성경 속으로 누구나 쉽게 다가서며 말씀의 깊이를 체험하는 성경공부입니다.

11 영적 상상력과 응용력을 키워 주는 창의적 성경공부입니다.

차 례

1 책별 성경연구 시리즈는 연속극처럼 연결되는 맛이 있으므로 장면 장면이 서로 이어지게 하면서 하나의 이야기로 이끌어 가도록 합니다.

2 어떤 사상이나 교리보다는 성경 말씀 자체를 사랑하며 말씀이 나를 보도록 하고 오늘 나에게 주시는 음성을 듣는 데 초점을 맞춰야 합니다.

3 교재에 너무 의지하기보다는 교재에 나와 있는 질문을 중심으로 각자 새롭게 상황에 따라 창의적으로 만들어 가면서 본문 말씀 안으로 들어가도록 합니다.(Tip은 먼저 보지 말고 이해되지 않을 때 참고)

4 성경을 연구하면서 점차 성경을 보는 눈과 능력을 배양하고 성경 안으로 깊이 들어가는 데 목표를 둡니다.

5 일방적인 강의보다는 소그룹에서 대화를 나누는 방식으로 그룹 활성화를 이루어 성경공부의 흥미를 유발합니다. (자세한 인도자 노하우는 《이야기대화식 성경연구》(이대희 저, 엔크리스토 간)를 참조)

6 성경책별 유형을 잘 살펴서 그것에 맞는 특징을 살리면 더욱 성경공부가 흥미롭습니다.

7 책별 성경연구는 각 과가 장면 형태로 구성되어 있고 기존의 지식형 공부방법을 탈피하여 드라마나 영화 장면을 보는 것처럼 입체적 상상력을 갖고 성경을 공부하는 방식입니다.

8 각 과가 진행될 때 해당하는 과를 모두 마쳐야 한다는 중압감을 벗고 상황에 따라 과를 두 번에 나누어 진행하는 등, 성령의 인도에 따라 자유롭게 하는 것이 좋습니다.

그리스도인 이라면 누구나 갖는 한 가지 소망 ……
이 한 권에 담긴 **이야기**의 소망 ……

Narrative

마가복음 1

Narrative 마가복음

1. 주요 내용

마가복음은 예수님의 세례 받으심에서 부활까지 이야기입니다. 3분의 2가 갈릴리 사역이고 나머지 3분의 1이 예루살렘에서 보낸 마지막 주간의 이야기입니다.

2. 기록 당시 역사적 배경

마가복음은 주후 약 66년 경에 기록된 것으로 로마에서 기독교에 대한 박해가 한창 일어나던 때였습니다. 당시 교회는 네로 황제의 박해로 대학살을 경험하고 있었으며 많은 성도들이 산 채로 불태워지고 교회의 중요한 두 인물(베드로와 바울)이 처형되었습니다. 이런 시기에 마가복음이 등장하였습니다. 예수님의 고난받는 종의 이야기를 통하여 십자가를 지고 가는 제자도의 삶을 알려주며 순교적 신앙을 격려하기 위하여 기록되었습니다. 예루살렘에서 있었던 전체의 내용이 수난주간에 일어난 기사에 집중하고 있는 데서 그것을 분명히 알 수 있습니다.

3. 특징

－시기 : 복음서 중에 마가복음이 가장 먼저 쓰여졌다고 알려져 있습니다.

－문체 : 간결하고 직설적입니다. 간접화법보다는 직접화법을 많이

사용하고 과거형보다는 현재형을 더 많이 사용합니다(현재형 151회). "즉시", "곧" 등의 부사가 41회나 사용됩니다.

—묘사 : 감정적 묘사가 사실적이며 생동적('그리고' 라는 단어로)입니다. 표정들을 진지하게 표현하고 있습니다(놀라니, 두려워하여 등).

—행위의 복음 : 설교보다는 이적 내용이 많습니다. 복음서에 나오는 이적의 과반수를 차지합니다(36개의 이적 중에 19개가 마가복음에 있습니다).

—수난 기사 : 고난당하는 종으로 그리스도를 그리고 있습니다. 공생애 중 그리스도의 마지막 수난주간의 기사가 복음서 전체의 3분의 1이 넘습니다(11장 - 16장).

4. 주제

—마가복음 10:45로서 종되신 예수와 고난당하신 예수님을 그리고 있습니다.

—중심장은 마가복음 8장입니다. 베드로의 신앙고백이 마가복음의 중추적 사건입니다(베드로복음).

이 고백을 통하여 마가복음의 이야기는 새로운 국면으로 접어듭니다. 메시야 비밀이 드디어 소개되는 8:30을 통하여 본격적인 마가복음의 중심 메시지가 등장합니다.

—기본적인 신학사상 : 하나님나라(14회 사용)와 고난과 종말사상을 담고 있습니다.

5. 마가복음의 전체 내용 구조

>> 네러티브로서 전체 구조

도입 / 복음의 준비(1:1-15)

전개

   1부―하나님나라 선언과 공적 사역(1:16-3:6)

   2부―세 집단의 반응과 특성(3:7-8:21)

        · 군중―기적과 가르침

        · 제자―개인적인 가르침

갈등

        · 반대자(서기관, 제사장, 바리새인)―저항이 거세짐

   3부―제자들에게 사역을 집중(제자도 훈련) (8:22-10:45)

     ―제자도는 고난당하는 종(십자가의 죽음)―세 번에 걸쳐 설명

절정 / 예수님 예루살렘의 입성―십자가 죽으심(10:46-15:47)

결말 / 부활하신 예수님(16장)

예수님 소개와 사역 준비

| 성경 본문 | 마가복음 1:1-13

마가복음은 서론이 없는 복음서입니다. 서론이 없는 본론의 시작은 종의 서신으로서의 특징을 잘 나타내고 있습니다. 종은 즉시 일하는 것이기 때문입니다. 본문은 예수님이 복음 사역을 위해 어떤 준비를 했는지를 말해 주고 있습니다. 마가복음은 예수님을 종으로 그리고 있습니다. 마가복음은 로마인을 위해 기록했습니다. 당시 모든 것을 가진 최고의 로마에게 예수님을 종으로 이야기하는 것은 역설적입니다. 종처럼 섬기는 자가 큰 자임을 보여 주고 있습니다.

말씀의
살핌

1. 마가는 장황한 서론이 없이 자신의 이야기를 어떻게 시작하고 있습니까?(1)

(참고. 마태복음: 족보, 누가복음: 세례요한과 예수의 족보, 요한복음: 태초의 말씀)

_____

_____

2. 선지자 이사야의 글의 내용은 무엇입니까?(2-3)

(말 3:1과 사 40:3의 결합이다.)

_____

_____

3. 구약의 예언의 말씀에 따라 세례요한이 와서 행한 일은 무엇입니까?(4)

_____

_____

4. 유대지방과 예루살렘의 사람들은 어떤 반응을 보였습니까?(5)

_____

_____

5. 세례요한의 모습을 말해 보십시오.(6)

_____

_____

6. 세례요한이 전파한 복음의 내용은 무엇입니까?(7-8)

7. 예수님의 세례 받으시는 모습을 그림 언어로 말해 보십시오.(9-11)

8. 예수께서 세례를 받으신 후에 받은 시험의 내용을 정리해 보십시오.(12-13)

말씀의
깨달음

1. 하나님의 아들−예수−그리스도−복음은 성경의 핵심 내용입니다. 이것을 구체적으로 설명하고 우리에게 주는 영적 의미를 말해 보십시오.

Tip 예수님은 하나님의 아들로서 이 땅에 오셨습니다. 이 땅에 오신 예수는 인간의 몸을 입었지만 아울러 하나님의 신적인 모습을 지니셨습니다. 그리스도는 하나님의 아들로서 메시야를 의미합니다. 예수님은 인류를 구원하기 위해 세상에 오셨습니다. 결국 예수님은 십자가에 죽으심으로 인류 구원을 이루셨습니다. 이것을 받아들이는 사람에게는 복음이 됩니다. 이것이 구약에서 신약에 이르는 전체의 메시지입니다.

2. 예수님의 오심은 약속의 성취입니다. 구약 예언의 약속은 예수님 오심의 준비로써 예수님의 예표입니다. 이사야—말라기—세례요한의 예비와 그리스도의 오심은 서로 어떤 연관이 있습니까?

Tip 구약은 신약의 그림자입니다. 구약의 모든 내용은 예수 그리스도에 대한 내용으로 초점이 모아져 있습니다. 이사야—말라기 선지자의 메시지는 예수 그리스도를 향하고 있습니다. 세례요한은 구약과 신약을 연결하는 의미를 지니고 있습니다. 세례요한은 인간의 회개를 촉구하면서 복음을 받아들일 준비를 합니다. 그는 구약의 선지자를 잇는 마지막 선지자입니다.

3. 예수님의 세례 받으심은 오늘 우리에게 어떤 의미를 주고 있습니까? 예수님의 세례 장면을 통해 나타난 삼위일체 하나님의 모습을 말해 보십시오.

Tip 예수님의 세례 받는 모습은 하나님의 뜻에 순종하는 주님을 그려 주고 있습니다. 예수님이 세상에 오신 것은 전적으로 하나님의 뜻을 이루기 위해서입니다. 그것을 한마디로 보여주는 장면이 세례요한에게 세례를 받는 장면입니다. 특히 이런 세례를 통하여 예수님은 하나님의 아들로서 인정을 받게 됩니다. "너는 내 사랑하는 아들이라"는 말씀은 예수님이 누구인가를 단적으로 보여주는 대목입니다. 예수님과 성령님과 하나님이 함께 나타나고 있습니다.

4. 왜 예수님은 광야에서 40일 동안 시험을 받으셔야 했습니까? 예수님이 들짐승과 함께하고 천사들이 수종 든 사건을 통해 발견된 교훈을 말해 보십시오.

말씀의
실천

1. 오늘 말씀에서 깨달음과 도전을 주는 말씀은 무엇입니까?

_____

2. 오늘 말씀을 통해 이번 주에 실천해야 사항과 삶의 적용을 위한 구체적인 실천 계획을 말해 보십시오.

_____

3. 오늘 말씀을 통해 발견한 기도제목은 무엇입니까? 아울러 함께 기도의 시간을 가지십시오.

_____

갈릴리 전도 시작

| 성경 본문 | 마가복음 1:14-45

1장에서 9장까지는 갈릴리 지역에서의 전도입니다. 예수님의 갈릴리 전도의 특징은 처음에는 일반 사람들의 인기를 더하나 시간이 가면서 바리새인 등의 지도층으로부터 시기와 박해를 받게 됩니다. 예수님의 전도는 농촌인 갈릴리 지역에서 수도인 예루살렘으로 이어집니다. 대중에서 점차 지도층을 향해 나아갑니다. 마지막에는 수도 예루살렘 중심부인 성전에서 복음전도를 마무리합니다.

1. 세례요한이 잡힌 후에 예수님이 갈릴리에 오셔서 복음을 전파한 내용을 말해 보십시오. (14-15)

2. 갈릴리 해변에서 하신 일은 무엇입니까?(16-20)

3. 예수님이 가버나움에 있는 회당에서 행한 두 가지 일은 무엇입니까? (21-28)

4. 전도가 시작되면서 이적이 일어났는데 시몬의 집에서 일어난 이적과 동네에서 일어난 이적을 말해 보십시오. (29-34)

5. 예수님은 공적으로 전도와 치유 사역을 한 후에는 개인적으로 어떤 일을 하셨습니까?(35)

6. 예수님은 제자들과 함께 가까운 마을(가버나움 근방, 벳새다, 고라신 등)에 가서서 무엇을 했습니까?(36-38)

7. 갈릴리 지방을 순회하시면서 행한 중요한 두 가지 일은 무엇입니까?(39)

8. 예수님은 문둥병자를 어떻게 고치셨습니까?(40-42)

9. 예수님은 아무에게도 말하지 말라고 했으나 그들은 나가서 어떻게 했습니까? 이것을 금한 이유는 무엇입니까?(43-45)

말씀의 깨달음

1. 모든 하나님의 사역은 하나님의 때가 있습니다. 예수님도 세례요한이 잡힌 후에 복음사역을 시작했습니다. "때가 차매"와 연관하여 그 의

미를 말해 보십시오. 아울러 예수님의 복음사역을 통해 특별히 발견되는 특징이나 느낀 점을 말해 보십시오.

Tip 세례요한이 잡혔다는 것은 이제 세례요한의 사역이 끝났음을 의미합니다. 그리고 주님의 사역이 시작됩니다. 세례요한과 예수님이 사역을 할 때 충돌을 일으키면 안 됩니다. 세례요한은 자기의 사명을 완수하고 무대에서 퇴장합니다. 이런 점에서 때가 찼습니다. 예수님은 자연스럽게 복음사역을 시작합니다. 당시 세례요한의 인기가 대단했던 것을 보면 세례요한의 감옥에 갇힌 것은 우연한 사건이 아닙니다. "그는 흥해야 하겠고 나는 쇠하여야 하리라"는 구절을 생각나게 합니다.

2. 예수님이 복음사역을 시작하시면서 먼저 제자들을 선택한 것은 어떤 의미가 있습니까? 아울러 제자들의 즉각적인 순종은 우리에게 무엇을 가르쳐 주고 있습니까?

Tip 예수님이 공생애 사역을 하시면서 가장 중요하게 생각하는 점은 제자를 선택하는 일입니다. 왜냐하면 예수님의 사역을 온 땅에 전할 제자가 필요했기 때문입니다. 계속 복음이 다음 세대에 이어지기 위해서 제자 선택은 필수적인 일입니다. 그리고 제자들이 즉각 순종한 것은 그들이 준비된 사람임을 알 수 있습니다. 복음에 순종하는 모습을 보면 그가 준비되었는지 안 되었는지 알 수 있습니다.

3. 복음사역(전도하고 이적을 행하는 일)에 있어서 기도생활의 중요성을 말해 보십시오.(참고. 눅 3:21, 6:12, 9:18, 9:28, 23:34; 요 11:41-42, 17장)

Tip 복음사역은 하나님의 나라를 전하는 일입니다. 그것은 영적 사건이며 눈에 보이지 않게 임하는 신비입니다. 사단과의 영적 전쟁입니다. 하나님이 도와주시지 않으면 불가능한 일입니다. 이런 면에서 기도는 필수적인 일입니다.

4. 예수님의 전도사역에는 중요한 두 가지 특징이 있는데, 전파하고 이적을 베푸는 일입니다. 예수님의 전도가 시작되면서 이적도 시작되었습니다. 전도에서 치유는 어떤 의미가 있는지 말해 보십시오.(모든 사역이 둘이 하나로 합하여 이루어졌다. 말씀과 기도, 말과 행동, 영혼과 육신, 땅과 하늘.)

Tip 말씀을 전하는 일은 눈에 보이지 않는 것입니다. 언뜻 보면 힘이 없어 보입니다. 그러나 실제로는 말씀의 힘은 위대합니다. 그것을 구체적으로 보여주는 것이 기적입니다. 기적은 말씀과 연관되어 일어난 것으로 말씀의 능력을 보여주는 표징입니다. 특히 전도에서 표적은 깊은 관련이 있습니다. 이적은 강퍅한 사람들이나 믿기를 거부하는 사람들의 마음을 열어주는 데 도움을 줍니다. 그러나 이적의 목적은 이적 자체에 있는 것이 아니라 말씀을 믿게 하는 데 있습니다.

5. 예수님은 이적을 베푸는 행위로 그들을 놀라게 하거나 이름이 알려지기보다는 말씀이 그들 마음속에 받아들여지기를 원했습니다. 이것이 오늘날 우리에게 주는 도전은 무엇입니까?

Tip 이적은 그것을 통하여 말씀을 믿지 못하면 아무 의미가 없습니다. 이적은 전적으로 하나님의 나라를 눈으로 보여주는 사건입니다. 이런 이적의 궁극적인 목적은 이적이 없어도 믿는 것입니다. 보지 않고 믿는 것이 복입니다. 처음에는 이적으로 믿음이 시작되었다 해도 그것이 믿음의 근거가 되면 안됩니다. 현대는 눈에 보이지 않으면 잘 믿으려 하지 않습니다. 이런 강퍅한 세대일수록 표적이 필요합니다. 언제나 표적은 말씀을 믿기 위한 것임을 기억할 필요가 있습니다.

말씀의
실천

1. 오늘 말씀에서 깨달음과 도전을 주는 말씀은 무엇입니까?

2. 오늘 말씀을 통해 이번 주에 실천해야 사항과 삶의 적용을 위한 구체적인 실천 계획을 말해 보십시오.

3. 오늘 말씀을 통해 발견한 기도제목은 무엇입니까? 아울러 함께 기도의 시간을 가지십시오.

 내가 깨달은 영적 교훈과 삶의 적용

믿음과
거부의 사람들

| 성경 본문 | 마가복음 2:1-17

중풍병자 사건과 레위를 부르는 일과 금식의 문제는 공관
복음 모두에 기록된 내용입니다. 예수님의 전도가 시작되
면서 유대인의 반대도 함께 일어납니다. 기적 사건들이
일어나면서 동시에 유대인들의 반대가 거세어지는 것을
비교하여 살펴볼 필요가 있습니다. 사실 그들의 반대는
불가피한 것이었습니다. 예수님은 사랑을 강조했으나 저
들은 율법을 강조하였고, 예수님은 자유와 마음자세를 강
조했으나 저들은 속박과 외적인 행동을 강조하였기 때문
입니다.

말씀의 살핌

1. 예수님이 가버나움의 집에 계실 때 소문을 듣고 많은 사람들이 찾아왔는데 그때의 모습을 말해 보십시오.(1-2)

2. 말씀을 전하실 때 어떤 일이 일어났습니까?(3-4)

3. 지붕을 뜯어 중풍병자를 내리면서 주님에게 다가온 사람의 믿음을 보시고 먼저 하신 말씀은 무엇입니까?(5)

4. 이런 예수님의 죄 사함을 받는다는 말을 듣고 거기 있던 서기관들이 어떻게 행동했는지 말해 보십시오.(6-7)

5. 예수님은 이들의 중심을 아시고 무엇이라 말씀하셨습니까?(8-10)

6. 예수님은 자신에게 죄 사함을 주는 권세가 있는 줄을 알게 하시기 위

하여 중풍병자에게 무엇을 명하셨으며 어떤 결과가 나타났습니까? (11-12)

7. 알패오의 아들 레위가 예수님의 제자가 되는 장면을 말해 보십시오. (13-15)

8. 바리새인들과 서기관들은 예수님이 죄인과 세리들과 같이 음식을 잡수시는 것을 보고 어떤 비난을 했습니까?(16)

9. 예수님이 이 세상에 오신 목적은 무엇입니까?(17)

말씀의
깨달음

1. 예수님은 중풍병자를 보고 왜 병을 먼저 고치지 않고 "소자야 네 죄 사함을 받았으니라"고 하셨습니까? 이것이 주는 영적 의미를 말해 보

십시오.

2. 중풍병자의 사건을 통해 발견되는 이적의 근본 목적은 무엇인지 말
해 보십시오.(참고. 요 20:30-31, 5:27)

3. 예수님의 부르심에 레위가 즉각적인 순종을 한 것을 통해 어떤 교훈
을 얻을 수 있습니까?(참고. 막1:17-18) 아울러 마태(레위)가 예수님의
제자가 됨으로 얻은 유익을 말해 보십시오.

말씀의
실천

1. 오늘 말씀에서 깨달음과 도전을 주는 말씀은 무엇입니까?

_____

_____

2. 오늘 말씀을 통해 이번 주에 실천해야 사항과 삶의 적용을 위한 구체
적인 실천 계획을 말해 보십시오.

_____

_____

3. 오늘 말씀을 통해 발견한 기도제목은 무엇입니까? 아울러 함께 기도
의 시간을 가지십시오.

_____

_____

 내가 깨달은 영적 교훈과 삶의 적용

신앙의 새 원리

| 성경 본문 | 마가복음 2:18-28

금식은 구제와 기도와 더불어 신앙인의 세 가지 의로 여
겨졌습니다(마 6:1-18). 주님은 금식의 이야기와 안식일
의 문제를 통하여 새로운 하나님의 질서를 가르치고 있
습니다. 신앙은 원리에 따라 방법을 적용해야지 법을 문
자적으로 해석하여 그대로 방법에 적용하면 안됩니다.

말씀의 살핌

1. 사람들이(마태는 이들을 요한의 제자(마 9:14)라고 하고, 누가는 바리새인들이라고 말하는 듯하다(눅 5:33)) 예수님에게 의문을 제기한 내용은 무엇입니까?(18)

---

2. 예수님은 세 가지의 실생활의 예를 들면서 대답을 제시하는데 그 내용을 정리해 보십시오.(19-22)

―혼인잔치와 금식(19-20)

(유대인의 금식은 일주일에 월요일과 목요일 두 번이다. 시간은 오전 6시부터 오후 6시까지이다. 혼인잔치는 일주일 동안 진행했는데 이때에는 가까운 친구들을 초청하여 즐거운 시간을 가졌다. 마지막 날에 신랑을 신부 방에 데려다 준다.)

―생베와 낡은 베(21)

―새 포도주와 낡은 가죽부대(22)

---

3. 안식일에 바리새인들이 예수님께 제기한 문제는 무엇입니까?(23-24)

(참고. 안식일에 대한 유전집 〈미쉬나〉 규정은 39종에 달하는데, 이삭을 자르고 추수하고 손으로 부비고 입으로 부는 것은 금지사항이다.)

_____

_____

4. 예수님은 안식일에 제자들이 밀 이삭을 먹는 문제에 대해 어떤 예를 들어서 설명하고 있습니까?(25-26)

_____

_____

5. 안식일은 누구를 위하여 있으며 안식일의 주인은 누구입니까?(27-28)

_____

_____

말씀의 깨달음

1. 금식의 유익에 대해 말해 보십시오. 요한의 제자들의 금식은 어떤 것이며 바리새인의 금식의 문제점은 무엇입니까?

_____

_____

금식은 자신을 절제하고 육신적인 욕망보다 하나님을 더 생각하게 하는 유익이 있습니다. 금식하면 세상의 것에서 벗어나 하나님의 나라를 구하는 일에 집중할 수 있습니다. 요한의 제자들의 금식은 회개를 위한 금식이고 바리새인의 금식은 자기를 드러내는 금식이 많았습니다. 그러나 제자들은 예수님이 있는 한 금식하지 않았습니다. 이것은 금식의 중심이 예수님을 통해 이루어져야 함을 말합니다.

2. 혼인잔치에 금식할 수 없고 생베 조각을 낡은 옷에 붙일 수 없고 새 포도주를 새 부대에 넣어야 한다는 구절에서 공통적으로 발견되는 영적 의미를 말해 보십시오.

새로운 시대에는 새로운 방식으로 해야 합니다. 지금 그리스도가 세상에 있는 상황에서는 그리스도가 중심이 되어야 합니다. 날과 시간과 절기는 모두 그리스도를 중심으로 새롭게 정리해야 합니다.

3. 다윗이 자기와 함께한 자들과 제사장이 먹는 진설병을 먹었던 사건에 대해 설명해 보십시오.(참고. 삼상 21:1-6; 레 24:5-9)

다윗은 배가 고파서 일반 사람들이 먹지 못하는 제사 음식을 먹었습니다. 물론 제사장이 그것을 허락했습니다. 이것은 법이 사람을 위해 존재하는 것임을 보여줍니다. 이것이 뒤바뀌면 안됩니다. 법은 사람 중심으로 늘 새롭게 해석되어야 합니다.

4. 안식일이 사람을 위해서 있다는 의미는 무엇입니까? 이것이 주는 신앙의 원리는 무엇이며 우리에게 어떻게 적용해야 하는지 말해 보십시오?(참고. 마 12:6, 42)

안식일은 십계명에 해당되는 것으로 유대인들이 매 주일 지켜야 하는 법도입니다.

그러나 안식일을 복되게 한 것은 사람을 위해서이지 법을 위해서가 아닙니다. 세상의 어떤 일도 사람보다 귀한 것은 없습니다. 그러므로 사람 중심으로 법을 해석해야 합니다. 물론 여기에는 그리스도가 중심이 되어야 합니다.

1. 오늘 말씀에서 깨달음과 도전을 주는 말씀은 무엇입니까?

_____

_____

2. 오늘 말씀을 통해 이번 주에 실천해야 사항과 삶의 적용을 위한 구체적인 실천 계획을 말해 보십시오.

_____

_____

3. 오늘 말씀을 통해 발견한 기도제목은 무엇입니까? 아울러 함께 기도의 시간을 가지십시오.

_____

_____

내가 깨달은 영적 교훈과 삶의 적용

예수님을 따르는
다양한 사람들

| 성경 본문 | 마가복음 3:1-12

예수님을 따르는 사람들이 늘 좋은 사람들은 아니었습니다. 그 가운데는 다양한 사람들이 포함되어 있습니다. 예를 들면 자기의 욕심만을 구하는 군중들과 예수님을 해하려고 기회를 엿보는 바리새인들과 군중 속에 숨어 있는 귀신 등입니다. 그런 가운데에서도 그들의 요구에 휩쓸리지 않고 자기의 길을 지키는 예수님의 모습은 구별됩니다.

말씀의
살핌

1. 예수님이 안식일에 회당에 들어가셨을 때 사람들의 반응을 말해 보십시오.(1-2)

2. 예수님이 손마른 사람을 가운데 세우고 사람들에게 질문한 내용은 무엇입니까?(3-4)

3. 완악한 사람들에 대한 예수님의 반응은 무엇이며 손마른 사람을 어떻게 했습니까?(5)

4. 바리새인들은 예수님이 안식일에 병자를 고치시는 것을 보고 어떤 반응을 나타냈습니까?(6)

5. 물러가시는 예수님을 쫓아온 사람들은 어디서 온 사람들입니까?
(7-8)

6. 예수님은 무리들이 자기를 에워싸는 것을 피하기 위하여 무엇을 준비하도록 명했습니까? 그 이유는 무엇입니까?(9-10)

7. 악한 귀신들은 예수님을 볼 때마다 어떤 반응을 보였습니까? 또 이런 일을 당할 때 예수님은 사람들에게 무엇을 당부하셨습니까?(11-12)

1. 안식일 사건을 통해 알 수 있는 예수님이 생각한 종교와 바리새인들이 생각한 종교의 차이점을 말해 보십시오.

Tip 안식일은 유대인이 중요하게 생각하는 날입니다. 십계명에 언급된 안식일 계명은 유대인을 지켜오는 근간이 되었습니다. 그러나 유대인들은 안식일에 너무 집착한 나머지 안식일 세부법을 39개나 만들어냈습니다. 결국 법이 사람보다 우선인 상황이 되었습니다. 그러나 예수님은 법 이전에 사람을 중요시했습니다. 예수님은 안식일의 정신을 정확하게 가르치셨습니다.

2. 쉴 수 없도록 예수님을 맹렬히 따라다니는 군중들을 보면서 느끼는 영적 교훈을 말해 보십시오. 아울러 귀신들이 예수님을 향해 하나님의

아들이라고 말하는 것을 통해서 느끼는 점은 무엇입니까?

Tip 참된 신앙은 자기 중심이 아닌 예수님 중심입니다. 자기 중심이 아닌 타자 중심입니다. 무리들이 예수님을 따라다닌 것은 자기 중심의 대표적인 모습입니다. 자기 만족을 위해 예수님을 따라다녔습니다. 그렇게 된 이유는 그들이 아직 예수님이 누구인지 잘 몰랐기 때문입니다. 귀신들은 예수님이 누구인지 정확하게 알았습니다. 그러나 하나님의 아들이라고 고백하면서도 귀신들은 예수님을 받아들이지 않습니다.

3. 예수님이 사람들에게 자기를 나타내지 말라고 한 이유는 어디에 있습니까?

Tip 아직 하나님의 때가 안 되었기 때문입니다. 예수님의 정체가 드러나면 반대와 핍박은 더해질 것입니다. 무엇이든지 하나님의 때가 중요합니다. 그때까지 기다리는 것이 좋은 믿음입니다.

1. 오늘 말씀에서 깨달음과 도전을 주는 말씀은 무엇입니까?

2. 오늘 말씀을 통해 이번 주에 실천해야 사항과 삶의 적용을 위한 구체적인 실천 계획을 말해 보십시오.

3. 오늘 말씀을 통해 발견한 기도제목은 무엇입니까? 아울러 함께 기도의 시간을 가지십시오.

 내가 깨달은 영적 교훈과 삶의 적용

SCENE 6

제자들,
교권자들, 가족들

| 성경 본문 | 마가복음 3:13-35

본문은 이제 예수님이 1단계 공생애 사역에서 2단계 공
생애 사역으로 들어가고 있는 부분입니다. 제자와 교권
자들과 가족에 대한 예수님의 자세를 말해 주고 있는 것
으로, 오늘날 예수님의 길을 따라가는 제자된 우리들에
게도 중요한 지침이 되고 있습니다.

1. 예수님의 제자 선택의 기준과 목적은 무엇입니까?(13-15)

2. 열두 명의 제자 이름을 말해 보십시오.(16-19)

3. 예수님이 다시 집에 들어가셨을 때의 상황을 말해 보십시오.(20)

4. 예수님의 친족들은 풍문을 듣고 걱정이 되어 예수님을 어떻게 하려 했습니까? 예루살렘의 서기관들은 어떤 모함을 했습니까?(21-22)

5. 예수님은 대답을 대신하여 서기관들에게 어떤 비유를 말씀하셨습니까?(23-27)

6. 어떤 죄가 사하심을 받지 못하고 영원한 죄에 처하게 됩니까?(28-30)

7. 예수님이 미쳤다는 소문을 듣고 가족들이 와서 예수님에게 행한 일은 무엇이며 그것에 대한 예수님의 해결책을 말해 보십시오.(31-35)

1. 예수님의 제자 선택 과정을 통하여 도전받는 점은 무엇이며, 우리의 사역에서 제자훈련의 중요성에 대해 말해 보십시오.(참고. 롬 9:15-18)

Tip 제자의 선택은 전적인 예수님의 권한입니다. 왜, 그리고 어떤 기준으로 제자를 선택했는지는 주님만이 아실 것입니다. 중요한 것은 예수님이 원하는 자를 제자로 선택했다는 점입니다. 주님의 마음에 합한 자가 제자의 자격이 됩니다. 그리고 부르신 예수님은 제자들에게 사역을 위한 능력도 함께 주셨습니다. 주님의 제자는 주님이 책임지십니다.

2. 친척들조차 예수님을 미쳤다 하고 예수님을 붙들러 온 일을 통해 알수 있는 '제자의 길'에 대한 영적 교훈을 말해 보십시오.(참고. 마 10:36; 요 7:5; 행 26:24; 고후 5:1)

Tip 제자의 길을 가는 것은 쉽지 않습니다. 고난의 길이요 세상 사람들에게 핍박을 당하는 길입니다. 가족에게도 버림을 받을 수 있습니다. 그러나 언젠가는 가정과 모든 사람에게 복이 되는 길입니다. 진리를 이해하지 못하는 사람은 십자가의 길이 어리석게 보입니다.

3. "성령을 훼방하는 자는 사하심을 영원히 얻지 못한다"(29)는 의미는 무엇입니까?(참고. 막 3:30; 마 12:31-32)

Tip 성령의 역사를 보고서도 믿지 못한다면 더 이상 희망이 없습니다. 그것은 곧 예수님을 거부하는 것이기에 심판에 이를 수밖에 없습니다. 충분히 믿을 수 있는 상황이 됨에도 이것을 거부하면 구원에 이르지 못합니다.

4. "누구든지 하나님의 뜻대로 행하는 자는 내 형제요 내 자매요 어머니라"고 한 의미를 말해 보십시오. 아울러 우리가 그리스도 안에서 모두가 하나되는 비결을 찾아보십시오.

Tip 육신적인 가족은 일시적입니다. 그러나 영적인 가정은 영원합니다. 영원한 가족은 하나님의 뜻에 순종하는 자들입니다. 인간을 중심으로 한 가족은 하나가 될 수 없습니다. 그러나 하나님의 말씀을 중심으로 한 가족은 하나가 될 수 있습니다. 인종과 문화와 세대와 혈통과 상관없이 하나가 됩니다. 이미 오래전에 있었던 아브라함과도 한 가족이 됩니다.

말씀의
실천

1. 오늘 말씀에서 깨달음과 도전을 주는 말씀은 무엇입니까?

_____

_____

2. 오늘 말씀을 통해 이번 주에 실천해야 사항과 삶의 적용을 위한 구체
적인 실천 계획을 말해 보십시오.

_____

_____

3. 오늘 말씀을 통해 발견한 기도제목은 무엇입니까? 아울러 함께 기도
의 시간을 가지십시오.

_____

_____

 내가 깨달은 영적 교훈과 삶의 적용

SCENE 7

씨 뿌리는 비유

| 성경 본문 | 마가복음 4:1-20

4장은 마가복음의 비유장입니다(마태복음은 13장이 비유장이다). 예수님은 비유를 통해 하나님나라의 비밀을 가르치고 있습니다. 씨 뿌리는 비유와 등불과 등경의 비유와 씨가 자라는 비유와 겨자씨 비유 등을 말씀하신 후에 결론을 내리고 있습니다. 여기에서 말하는 하나님나라는 현세적이며 아울러 종말론적인 의미를 함께 담고 있습니다.

말씀의
살핌

1. 예수님은 바닷가에서 어떻게 가르치셨습니까?(1-2)

2. 씨 뿌리는 비유의 내용과 해석을 말해 보십시오.(3-9)

3. 예수님이 홀로 계실 때 사람들과 제자들이 비유에 대해 묻자 예수님
은 무엇이라 말씀하셨습니까?(10-20)

─비유로 가르치신 이유는?

─비유의 해석은?

1) 씨   2) 길가

3) 돌밭   4) 가시떨기   5) 좋은 땅

*비유의 핵심(씨 뿌리는 비유가 전체 비유의 요약판이다.)
─비유는 모두가 이해할 수 있는 알고 있는 이야기에서 출발한다.(쉬운
것에서 어려운 것으로, 보이는 것에서 보이지 않는 것으로, 땅의 일에서
하늘의 일로, 구체적인 것에서 추상적인 것으로).

—비유는 자연적이며 즉흥적이다.

—비유는 읽기 위한 것이 아니라 듣기 위한 것이다.(이야기를 들었을 때 섬광처럼 번득이는 전체적인 것에 초점을 두어야 한다.)

—비유(parables)는 전체적인 것에 중심을 두는 반면에 알레고리(allegories)는 세부적인 것에 의미를 둔다.

—비유의 최대 가치는 스스로 생각하는 능력을 키우는 것이다.

1. 비유가 생활 속에서 필요한 이유를 말해 보십시오.(참고. 막 4:34; 삼하 12:1-7) (비유는 직유형 비유와 이야기형 비유가 있다. 비유는 토닥거리기보다는 질책하고 도전하고 변화하려는 기능을 가지고 있다.)

Tip 비유는 내용을 이해시키는 도구로 유용합니다. 특히 비유는 하나님이 만드신 꾸미지 않는 내용을 사용하기에 진리를 드러내는 데 적합합니다. 비교하여 보면 본래의 의미가 잘 전달될 수 있습니다. 특히 지식적인 것보다 마음을 움직이는 데 효과적입니다.

2. 왜 사람들에게 "들을 귀 있는 자들은 들으라"(9) 하셨는지 그 의미와 씨 뿌리는 비유가 모든 비유의 중심이 되는 이유를 말해 보십시오.

귀가 있다고 모두에게 들리는 것은 아닙니다. 여기에서 말하는 내용은 그 안에 담겨 있는 의미를 말합니다. 씨 뿌리는 비유는 다른 비유를 이해하는 기본이 됩니다. 씨 뿌리는 비유는 해석까지 포함되어 있습니다. 이것은 비유를 어떻게 해석해야 하는지 지침을 제공합니다. 사람의 마음 상태에 따라서 비유의 이해도가 달라집니다.

3. 12절의 "듣기는 들어도… 돌이켜 죄 사함을 얻지 못하게 하려 함이니라"의 의미를 설명해 보십시오.(참고. 사 6:9-10; 행 28:23-28; 롬 11:7-8; 요 12:37-40)

예수님이 비유로 말씀하신 이유는 비유가 가진 장점이 있기 때문입니다. 어린아이와 같은 겸손한 마음을 가지고 있으면 비유의 의미를 잘 알아차리지만 교만하면 비유는 전달이 안됩니다. 진리는 아무에게나 주어지지 않습니다. 악하고 교만한 자들은 비유를 제대로 깨닫지 못합니다.

4. 좋은 땅의 특징을 말해 보고 우리의 마음과 연관하여 신앙 성장과 좋은 마음에 대한 내용을 정리해 보십시오.

좋은 땅에서 열매가 자랍니다. 씨보다 밭이 중요합니다. 밭이 좋지 않으면 씨가 자라기 어렵습니다. 말씀이 똑같이 전해져도 누가 받느냐에 따라 상황은 전혀 다르게 나타납니다. 신앙 성장이 잘 안 되는 이유는 사람의 마음이 그만큼 강팍하기 때문입니다.

말씀의 실천

1. 오늘 말씀에서 깨달음과 도전을 주는 말씀은 무엇입니까?

2. 오늘 말씀을 통해 이번 주에 실천해야 사항과 삶의 적용을 위한 구체적인 실천 계획을 말해 보십시오.

3. 오늘 말씀을 통해 발견한 기도제목은 무엇입니까? 아울러 함께 기도의 시간을 가지십시오.

 내가 깨달은 영적 교훈과 삶의 적용

SCENE 8

하나님나라 교훈들

하나님나라는 눈에 보이지 않습니다. 세상의 나라와 다릅니다. 그런 이유로 예수님은 비유를 통해 하나님나라를 전하고 있습니다. 비유 속에는 하나님나라의 특징이 들어 있습니다. 여기에 제시된 비유들은 모두 하나님나라와 관계가 있고 천국을 이해하는 데 중요한 지침이 됩니다. 그리스도인의 삶은 세상의 나라가 아닌 하나님나라의 건설에 목적이 있습니다.

말씀의
살핌

1. 사람이 등불을 가져오는 이유는 어디에 있습니까? 이 비유의 뜻을 말해 보십시오.(21-22)

2. 우리는 무엇을 조심해야 합니까? 잘 헤아려 듣는 만큼(준비하고 연구) 하나님은 어떻게 해 주십니까?(23-25) (계속 거부하면 이미 가지고 있는 것까지 잃어버리게 됨을 조심해야 한다.)

3. 하나님나라는 무엇과 같습니까?(26)

4. 하나님나라는 생명입니다. 그러므로 발아와 성장과 결실의 과정을 거치게 됩니다. 하나님나라의 성장 과정에서 발견되는 특징을 찾아보십시오.(27-29)

5. 하나님나라의 또 다른 비유 내용을 설명해 보십시오.(30-32)

6. 예수님은 비유를 어떻게, 또 어떤 경우에 가르쳤습니까?(33-34)

_____

_____

7. 예수님과 제자들은 배를 타고 가다가 어떤 일을 당했습니까?(35-38)

_____

_____

8. 예수님은 어떻게 바람을 잔잔하게 하셨습니까?(39)

_____

_____

9. 이것에 대한 예수님의 교훈과 제자들의 반응을 말해 보십시오.(40-41)

_____

_____

말씀의
깨달음

1. 복음(하나님나라)은 한때 숨겨져 있었으나 이제는 선명하게 전파되어야 합니다. 그것을 전파하는 사명을 가진 사람을 누구입니까?(등경은 교회의 상징이다.)(참고. 계 1:20)

Tip 제자를 선택한 것은 하나님나라를 전파하기 위해서입니다. 예수님은 하나님나라를 전하기 위해서 세상에 오셨습니다. 그리스도인이 세상에 파송받은 것은 하나님나라를 전하기 위해서입니다. 먼저 그의 나라와 의를 구하는 일이 우선이 되어야 합니다.

2. 씨 뿌리는 비유는 복음 자체의 성장에 대한 것이고 겨자씨 비유는 교회의 성장에 대한 내용입니다. 이것을 통해 발견되는 영적 교훈을 찾아보십시오(성장의 특징, 성장의 비밀, 성장의 잠재력). 겨자나무는 종류에 따라 3미터에서 7미터까지 자랍니다. 예수님의 복음사역과 연관하여 설명해 보십시오.

Tip 하나님나라 성장의 중요한 특징은 자연스럽게 이루어진다는 것입니다. 인위적인 성장은 하나님나라의 특징이 아닙니다. 성령의 인도하심에 따라 하나님의 때에 열매가 맺힙니다. 자라게 하는 것도, 열매 맺게 하는 것도 하나님의 일입니다. 우리는 열심히 수고하며 하루의 최선을 다하면 됩니다. 하나님나라 건설에서 인간이 하는 일은 과정에 참여하는 것입니다. 우리 안에 믿음이 자라는 것도 이와 같습니다.

3. "어찌하여 이렇게 무서워하느냐 너희가 어찌 믿음이 없느냐"(40)라는 말씀을 통하여 위험은 밖이 아닌 안에 있음을 간접적으로 말씀하십니다. 밖의 문제를 통하여 안의 문제를 해결하는 모습을 통해 우리에게 주고자 하는 도전은 무엇입니까?

Tip 바람이 무서운 것이 아닙니다. 바람을 무서워하는 사람의 마음이 문제입니다. 믿음이 없으면 두려움이 생깁니다. 그러나 믿음이 생기면 평안과 기쁨이 찾아옵니다.

4. 하나님나라란 무엇을 의미하는지 말해 보십시오.(그리스도와 복음과 통치개념과 연관하여)

_____

Tip 하나님나라는 하나님에 의해 통치받는 것을 말합니다. 내가 통치하는 것은 인간의 나라입니다. 그러나 하나님의 지배를 받으면 그것은 하나님나라가 됩니다. 하나님에 의해 온전한 통치를 받기 위해서는 성령충만을 받아야 합니다.

말씀의 실천

1. 오늘 말씀에서 깨달음과 도전을 주는 말씀은 무엇입니까?

_____

_____

2. 오늘 말씀을 통해 이번 주에 실천해야 사항과 삶의 적용을 위한 구체적인 실천 계획을 말해 보십시오.

_____

_____

3. 오늘 말씀을 통해 발견한 기도제목은 무엇입니까? 아울러 함께 기도의 시간을 가지십시오.

_____

_____

내가 깨달은 영적 교훈과 삶의 적용

군대 귀신 들린 사람

| 성경 본문 | 마가복음 5:1-20

이 내용은 공관복음서가 다같이 취급하는 내용입니다 (마 8:28-34; 눅 8:26-39). 그런데 다른 복음서에 비해 마가복음의 기사가 가장 박진감 넘칩니다. 목격자인 베드로의 자료를 참조했다는 것을 짐작할 수 있습니다. 데가볼리는 갈릴리 바다 동남편에 집중해 있는 헬라 도시로 열 도시 중 하나입니다. 예를 들면 가다라, 다메섹, 빌라델비아, 시도 폴리스, 헵포스, 펠라, 라파나, 디오스, 가다나 등의 도시입니다.

말씀의
살핌

1. 예수님은 거라사인 지방에 이르러 어떤 일을 만나게 됩니까?(1-2)

2. 마가가 생생하게 그린 거라사인 지방의 귀신 들린 사람의 모습을 말해 보십시오.(3-5)

3. 귀신 들린 사람은 예수를 보자 어떻게 했습니까?(6-7)

4. 예수님과 귀신과의 대화 장면을 정리해 보십시오.(8-10)

5. 결국 귀신들은 예수님에 의해 어떻게 되었습니까?(11-13)

6. 귀신이 나가 정신이 온전하여진 사람을 보면서 주위 사람들은 예수님을 어떻게 대했습니까?(14-17)

7. 귀신에서 해방된 사람이 예수님과 함께 있기를 구하자 예수님은 무엇을 명했으며, 그 이후에 달라진 귀신 들렸던 사람의 모습을 말해 보십시오.(18-20)

말씀의
깨달음

1. 귀신이 들려 흉악한 행동을 하는 사람의 모습과 귀신이 예수님을 만나자 누군지 알아보며 두려워하고 순종하는 모습을 통해 발견되는 영적 교훈을 말해 보십시오.

Tip 악한 영에 사로잡히면 누구나 흉악한 모습을 드러내게 됩니다. 그것은 내가 아닌 나를 사로잡는 귀신의 모습입니다. 사악한 말을 하거나 속임수와 시기 질투 등은 모두 사단의 특징입니다. 사단의 지배를 받으면 이런 모습으로 나타납니다. 그리스도인은 이런 사단의 권세를 두려워할 필요가 없습니다. 왜냐하면 사단은 예수님을 두려워하기에 예수님이 내 안에 계시면 예수님을 알아보고 우리를 해하지 못합니다.

2. 예수님은 왜 귀신을 돼지 떼에 들어가게 했으며, 그결과 2000여 마리가 되는 많은 돼지가 몰살하였는데 이것이 우리에게 가르치고자 하는 의미는 무엇입니까?(돼지 키우는 사람은 아무 상관없이 많은 손해를

보았을 것이다.)

3. 귀신이 쫓겨난 이적을 통하여 두 가지 반응이 나타납니다. 주위의 마을 사람들은 예수님을 거부하여 자기들에게서 떠나가기를 간구한 반면에 귀신 들렸던 사람은 예수님과 함께 있기를 구했습니다. 이것이 우리에게 주는 교훈과 도전은 무엇입니까? 귀신 들린 사람을 고치신 목적은 무엇입니까?

말씀의 실천

1. 오늘 말씀에서 깨달음과 도전을 주는 말씀은 무엇입니까?

_____

_____

2. 오늘 말씀을 통해 이번 주에 실천해야 사항과 삶의 적용을 위한 구체적인 실천 계획을 말해 보십시오.

_____

_____

3. 오늘 말씀을 통해 발견한 기도제목은 무엇입니까? 아울러 함께 기도의 시간을 가지십시오.

_____

_____

 내가 깨달은 영적 교훈과 삶의 적용

야이로의 딸과
혈루증 앓는 여인

| 성경 본문 | 마가복음 5:21-43

본문은 두 이적이 결합하여 연결된 쌍둥이 이적담입니다. 야이로의 딸이 12살이고 혈루병 앓는 여인이 12년을 앓았다는 것은 흥미 있는 공통점입니다. 반면에 한 사람은 유력한 지위 있는 사람이고, 한 사람은 소외받은 힘없는 사람이라는 점에서 서로 비교가 됩니다. 또 한 사람은 다른 사람의 중보를 위해 왔고, 다른 한 사람은 자기의 문제를 가지고 온 경우라는 점에서 서로 대조가 됩니다.

말씀의
살핌

1. 예수님에게 다가온 회당장 야이로의 당면한 고민은 무엇이었으며 그가 보여준 겸손의 모습은 어떠했는지 말해 보십시오. (21-23)

2. 예수님이 회당장의 요구를 들어주어 그와 함께 가는 도중에 일어난 일은 무엇입니까?(24-32)
(혈루병은 율법에 부정한 것으로 규정되었고 그런 사람은 만지지도 못하게 했으며 성전에 나가지 못하였고(레 15:13-30) 다른 공중 모임에도 나가지 못하고 남편에게는 대개 이혼을 당했다.)

3. 자기에게 일어난 치유의 기적을 보고 혈루증을 앓는 여인은 예수님에게 어떤 태도를 취했습니까?(33)

4. 예수님이 여자에게 하신 구원의 말씀은 무엇입니까?(34)

5. 예수님이 말씀하실 때 회당장의 집에서 어떤 기별이 왔습니까?(35)

6. 집에서 온 사람들이 회당장에게 예수님을 더 이상 괴롭게 하지 말고 포기하라고 하는 말을 곁에서 들으시고 예수님께서 회당장에게 하신 말씀은 무엇입니까?(36)

7. 예수님이 세 제자만 데리고 회당장의 집에 들어가서서 하신 일을 통해 나타난 기적을 정리해 보십시오.(37-43)

말씀의
깨달음

1. 예수님의 옷자락만 만져도 구원을 얻으리라는 믿음을 가진 혈루증 앓는 여인의 믿음에 대해 말해 보고 특별히 도전받은 내용을 나누어 보십시오.

Tip 예수님의 옷을 만지면 낫는다는 믿음은 곧 예수님을 어떻게 이해하고 있는지를 보여
주는 대목입니다. 옷자락은 아주 미미한 것입니다. 그것이 사람의 병을 고치는 것은
아닙니다. 그럼에도 그 옷을 만진다는 것은 얼마나 예수님에 대한 믿음이 철저했는

지를 보여주는 것입니다.

2. 모든 것이 끝났다는 절망적 상황에서 희망을 주신 주님의 말씀과 복음과의 관계를 말해 보십시오.

Tip 복음의 역사는 모든 것이 끝난 순간에 일어납니다. 인간이 거의 포기할 때 능력이 일어나는 경우가 많습니다. 그것은 바로 그때가 하나님을 가장 신뢰할 수 있는 순간이기 때문입니다. 인간이 할 수 없는 그때가 믿음이 생기는 순간입니다. 이렇게 보면 믿음은 가장 겸손한 자에게 주어지는 하나님의 선물입니다.

3. 예수님이 "이 아이가 죽은 것이 아니라 잔다"고 말했을 때 사람들은 비웃었는데 그 의미는 무엇입니까? 아울러 이것을 통해 마가가 분명히 전하고자 하는 것은 무엇입니까?(참고. 요 11:11; 고전 15:51)

Tip 믿음으로 보면 절망이 희망이 됩니다. 그러나 인간의 눈으로 보면 절망은 더 큰 절망을 낳습니다. 주님의 눈은 늘 희망입니다. 할 수 없는 가운데서도 할 수 있다고 믿는 것이 믿음입니다. 하나님이 하시면 못할 일이 없습니다.

말씀의
실천

1. 오늘 말씀에서 깨달음과 도전을 주는 말씀은 무엇입니까?

2. 오늘 말씀을 통해 이번 주에 실천해야 사항과 삶의 적용을 위한 구체적인 실천 계획을 말해 보십시오.

_____

_____

3. 오늘 말씀을 통해 발견한 기도제목은 무엇입니까? 아울러 함께 기도의 시간을 가지십시오.

_____

_____

 내가 깨달은 영적 교훈과 삶의 적용

SCENE 11
고향의 배척, 제자 파송, 세례요한의 죽음

| 성경 본문 | 마가복음 6:1-29

6장에서부터 9장까지는 제자들을 교육하는 시기의 내용이 주로 기록되어 있습니다. 무대는 갈릴리 지방의 동북방 지역으로, 예루살렘으로 들어가시기 전에 일단 반대 방향인 북방으로 후퇴하였다가 갈릴리로 돌아오면서 베뢰아를 거쳐 남행하여 예루살렘으로 들어가시게 됩니다 (10장). 본문은 갈릴리 전도의 절정기에 해당되는 부분으로 갈릴리 전도의 전환기라고도 할 수 있습니다. 나중에 나오는 세례요한의 이야기는 일종의 삽화적인 성격이 있습니다.

1. 예수님은 가버나움(야이로의 집)에서 떠나 어디로 가셨습니까?(1)

2. 예수님의 고향에서 일어난 일을 말해 보십시오. (2-6)

3. 예수님은 제자훈련의 일환으로 열두 제자를 구체적이고 실제적인 방법으로 전도 현장에 파송하였는데 그 방법을 말해 보십시오.(7-13)

―몇 명씩 ?

―받은 권세는?

―금해야 할 일

―집을 방문할 때 지켜야 할 원칙

―영접하지 않을 경우

―전도의 내용

─나타난 역사

4. 헤롯은 예수님의 이름이 높아지는 것을 보고서 어떤 반응을 보였습니까?(14-16)

5. 헤롯은 전에 어떤 일을 행했습니까? 이야기를 정리해 보십시오.(17-29)(막 1:14)

1. 왜 선지자가 고향과 자기 친척과 가족들에게는 존경을 받지 못합니까? 예수님이 고향에서는 능력을 행할 수 없었고 그들이 믿음을 갖지 않은 이유는 어디에 있습니까?

Tip 고향 사람들은 예수님을 어릴 때부터 보아왔기 때문에 예수님을 인간으로만 이해했습니다. 이것은 예수님의 가족도 마찬가지입니다. 그들에게 예수님이 하나님의 아들로 인식되는 것은 매우 힘들 것입니다. 인간적인 편견과 경험이 오히려 믿음의 저해요인이 될 수 있습니다.

2. 사람들이 전도자들을 영접하지 않을 때 발 아래 먼지를 떨어버리라는 것은 무엇을 의미합니까?(참고. 느 5:13) (*더러움을 성지에 감염시키지 말라… 하나님의 심판, 회개 촉구, 심판의 증거)

Tip 복음을 받아들이지 않는 것은 큰 죄악입니다. 스스로 멸망에 이르는 길이 됩니다. 전도자를 거부하는 것은 자기 스스로 복을 차버리는 것입니다. 먼지를 떨어버린다는 것은 하나님의 심판이 임한다는 의미가 있습니다.

3. 헤롯이 세례요한을 죽인 사건에서 헤롯과 세례요한을 비교하여 보고 그 인물을 통하여 배울 수 있는 점을 말해 보십시오.

• 헤롯
―기묘한 혼합적 성격

―본능으로 움직인 사람

―사람을 두려워함

• 세례요한
―담대하고 의로운 사람

Tip 헤롯은 악한 사람의 대표적인 유형입니다. 반면에 세례요한은 선한 사람의 대표입니다. 헤롯은 자기 욕망에 가득 찬 사람입니다. 그러나 세례요한은 오직 하나님나라를 위해 자기를 바친 사람입니다. 세상에서는 악이 승리하는 듯 보입니다. 헤롯이 세례요한을 죽이지만 헤롯은 하나님의 심판을 받습니다.

말씀의 실천

1. 오늘 말씀에서 깨달음과 도전을 주는 말씀은 무엇입니까?

_____

_____

2. 오늘 말씀을 통해 이번 주에 실천해야 사항과 삶의 적용을 위한 구체적인 실천 계획을 말해 보십시오.

_____

_____

3. 오늘 말씀을 통해 발견한 기도제목은 무엇입니까? 아울러 함께 기도의 시간을 가지십시오.

_____

_____

 내가 깨달은 영적 교훈과 삶의 적용

세 가지 기적
(5천 명을 먹임, 물 위를 걸음, 병을 고침)

| 성경 본문 | 마가복음 6:30-56

본문 기사는 마가복음 6:13절에 이어서 일어난 사건입니다. 특히 오천 명을 먹이신 사건은 네 복음서가 모두 기록한 내용입니다. 그만큼 중요한 사건으로 그리스도의 공생애 절정기에 해당하며 인간으로서의 절정에 일어난 일입니다. 이 사건 이후로 예수님의 공생애는 내리막길로 가게 되고 본격적으로 고난이 시작됩니다. 이것은 주님의 수난 1년 전의 사건으로, 누가는 이 장소를 벳새다로 말하고 있습니다.(눅 9:10)

1. 사도(보냄을 받은 자; 1회 나오는 단어. 임무적 이름) 곧 제자들이 자기들에게 나타난 일을 주님에게 모두 고하자 주님은 무엇을 명했습니까?(30-31)

2. 제자들이 배를 타고 한적한 곳에 가자(가버나움에서 벳새다로; 요한의 죽음 이후에(마 14:13)) 그것을 보고 사람들이 어떻게 했습니까?(32-33)

3. 자기 앞에 나아온 사람들을 보고 예수님은 어떻게 생각하셨으며 그들을 어떻게 도와주셨습니까?(34)

4. 때가 저물어 가자 제자들이 문제를 제기하였는데 그것이 무엇입니까?(35-36)

5. 예수님은 군중들의 배고픔의 문제를 어떻게 해결하셨습니까?(37-44)

6. 공적인 이적을 베푼 이후에 예수님과 제자들은 어디로 향했습니까? (45-47)

7. 갈릴리 바다로 간 제자들에게 어떤 일이 일어났습니까?(48-51) (밤 사경—새벽 3-6시)

8. 왜 제자들은 바람을 그치게 하는 예수님의 이적을 보고 심히 놀랐습니까?(51-52)

9. 예수님이 갈릴리 서안으로 오셔서 배에서 내리자 사람들은 어떻게 했으며 그것에 대해 예수님은 어떻게 행동했습니까?(53-56)

말씀의 깨달음

1. 오천 명을 먹이신 이적을 통해서 우리가 깨달아야 할 영적 교훈은 무엇입니까?

Tip 예수님이 기적을 통해 오천 명을 베불리 먹이신 사건은 제자들을 시험하기 위한 것이었습니다. 그것은 믿음이 무엇인지를 가르쳐 주는 것이었습니다. 그리고 사람이 사는 것은 떡이 아닌 하나님의 말씀으로 사는 것임을 보여주기 위함이었습니다. 이것은 광야 40년 동안의 만나 사건과도 연관이 있습니다. 그러나 사람들은 예수님보다는 떡을 더 원했습니다.

2. 왜 예수님은 오천 명을 먹이는 이적을 베푼 후에 자신은 한적한 곳에 가고 제자들은 따로 다른 곳으로 가게 했습니까?(참고. 요 6:15) 한적한 곳이 우리에게 주는 유익은 무엇입니까?

Tip 오천 명이 있는 곳은 사람들의 칭찬과 인기가 있는 곳입니다. 거기에서는 하나님을 만나기가 어렵습니다. 외롭고 고독한 곳에서 우리는 하나님과 더 친밀하게 시간을 보낼 수 있습니다. 한적한 곳은 하나님을 만나기 좋은 곳입니다. 바쁜 세상에서는 하나님을 찾을 여유가 없습니다. 우리는 한적한 곳을 찾아서 하나님과 독대하는 시간을 갖는 습관이 필요합니다. 그런 이유로 일주일에 한 번은 정기적으로 안식일이 필요합니다.

3. 끈질기게 따라다니는 군중들과 그들에게 세심하게 반응하시고 민망히 여기시면서 그들을 구원하시고 도우시는 예수님의 모습을 통하여 특별히 발견되는 점을 말해 보십시오.

Tip 예수님을 따라다닌다고 그것이 곧 진정한 따름이라고 말하기 어렵습니다. 어떤 목적으로 따르느냐가 중요합니다. 오천 명의 군중들은 나중에 떡이 없자 모두 사라졌습니다. 그럼에도 그들을 불쌍히 여기면서 그들에게 먹을 것을 주시는 것을 통해 육신의 배고픔에도 관여하시는 예수님의 모습을 봅니다. 그러나 엄청난 기적을 통해서도 주님을 만나는 기회를 갖지 못한 것은 안타까운 일입니다

1. 오늘 말씀에서 깨달음과 도전을 주는 말씀은 무엇입니까?

2. 오늘 말씀을 통해 이번 주에 실천해야 사항과 삶의 적용을 위한 구체적인 실천 계획을 말해 보십시오.

3. 오늘 말씀을 통해 발견한 기도제목은 무엇입니까? 아울러 함께 기도의 시간을 가지십시오.

내가 깨달은 영적 교훈과 삶의 적용

유전과 계명

| 성경 본문 | 마가복음 7:1-23

본문은 결례에 대한 논쟁 기사로 손을 씻지 않고 식사를 한 제자들과 바리새인들의 논쟁을 다루고 있습니다. 이 사건에서 예수님은 의식적 정결보다 영적 정결이 더 중요함을 가르치고 있습니다. 이는 규칙이나 율법이 아니라 마음과 믿음의 중요성을 강조하면서 믿음으로 의롭게 되는 바울신학의 근간이 되고 있습니다.

말씀의
살핌

1. 바리새인들이 예수님의 제자들이 손을 씻지 않고 음식을 먹는 것을 보고 어떤 문제를 제기했습니까?(1-5)

_____

_____

2. 예수님은 바리새인들의 문제 제기에 대해서 말씀하셨는데 그 내용은 무엇이었습니까?(6-13)

_____

_____

3. 이것에 대한 예수님의 해석을 말해 보십시오.(14-19)

_____

_____

4. 예수께서 말씀하신 사람을 더럽게 하는 것들은 어떤 것들입니까? (20-22)

_____

_____

5. 예수님이 말한 결론적인 죄의 모습은 무엇입니까?(23)

_____

_____

말씀의 깨달음

1. 바리새인들의 가장 큰 문제점은 무엇입니까?

Tip 바리새인들은 전통에 매어 하나님의 말씀을 폐기하는 잘못을 저질렀습니다. 전통을 지킨 것은 말씀을 세우기 위함이었는데 결국은 말씀보다 전통을 더 우선시했습니다.

2. "모든 식물을 깨끗하다 하셨느니라"의 의미는 무엇입니까?

Tip 하나님이 만드신 물질은 깨끗합니다. 하나님은 인간이 먹을 수 있도록 식물을 창조하셨습니다. 물질 자체가 악하거나 더러운 것은 아닙니다. 그것을 더럽게 하는 인간의 행동이 더러운 것입니다.

3. 사람을 죄 짓게 하는 것은 율법적이며 외적인 것이 아닌 내적인 것입니다. 우리는 죄를 짓지 않기 위하여 어떻게 해야 합니까?

Tip 사람을 잘못되게 하는 것은 행동이 아닌 마음입니다. 마음에서부터 문제가 생기면서 행동도 더러워지게 됩니다. 악한 생각이 음란한 행동을 하게 합니다. 그리고 도둑질과 살인을 하게 합니다.

말씀의
실천

1. 오늘 말씀에서 깨달음과 도전을 주는 말씀은 무엇입니까?

2. 오늘 말씀을 통해 이번 주에 실천해야 사항과 삶의 적용을 위한 구체적인 실천 계획을 말해 보십시오.

3. 오늘 말씀을 통해 발견한 기도제목은 무엇입니까? 아울러 함께 기도의 시간을 가지십시오.

 내가 깨달은 영적 교훈과 삶의 적용

기적적인
치유 이야기

| 성경 본문 | **마가복음 7:24-37**

예수님은 갈릴리 지역을 떠나 이방 지역인 두로 지방에
가시게 됩니다. 두로는 솔로몬 왕 때 히람이 레바논의 백
향목을 보냈고(왕상 5장), 시돈은 아합 왕 때 바알 우상
을 도입한 이세벨의 고향입니다(왕상 16:31). 그리고 다
시 갈릴리 지방으로 돌아옵니다. 본문은 이 두 가지를 동
시에 기록하고 있습니다.

말씀의 살핌

1. 두로 지방의 한 집에 휴식하러 들어가셨지만 어떤 문제가 발생했습니까?(24)

2. 이때 소문을 듣고 누가 무엇 때문에 예수님을 찾아왔습니까?(25-26)

3. 여자의 간청에 대해 예수님은 무엇이라 말씀하셨습니까?(27)

4. 여자의 대답은 무엇입니까?(28)

5. 예수님은 여자를 어떻게 고쳐 주셨습니까?(29-30)

6. 갈릴리 호수로 돌아왔을 때 누가 무엇 때문에 예수님께 나아왔습니까?(31-32)

7. 예수님은 그를 어떻게 고쳤습니까?(33-35)

8. 고침을 받은 이후에 예수님과 사람들의 태도는 무엇입니까?(36-37)

말씀의
깨달음

1. 수로보니게 여인의 믿음의 위대한 점을 말해 보십시오.

Tip 수로보니게 여인은 이방 여인이었지만 예수님을 전심으로 찾았습니다. 예수님이 기
분을 상하는 말을 했음에도 불구하고 그것에 개의치 않고 예수님을 따르며 부스러기
라도 귀하게 여기는 믿음이 있었습니다. 작은 것이라도 그것이 예수님의 말씀이면
모든 것이 가능함을 믿었습니다.

2. 치유와 믿음과 복음전파의 관계를 말해 보십시오.

Tip 치유는 하나님이 하시는 일입니다. 하나님의 말씀에는 창조의 능력이 있습니다. 병든 것을 고치는 치유 역시 하나님의 말씀으로 말미암아 됩니다. 수로보니게 여인의 온전한 믿음은 그의 딸을 고치는 역사를 이루어냈습니다. 말씀으로 치유받을 때 그것은 곧 말씀을 전파하는 위력을 발휘합니다.

3. 예수님은 수로보니게 여인의 딸은 말씀으로 고쳤지만 귀먹고 어눌한 자를 고칠 때는 손가락을 그의 양 귀에 넣고 침 뱉아 그의 혀에 손을 대며 고쳤는데 이것이 주는 교훈은 무엇입니까?(참고. 마 8:3; 요 4:50; 막 5:27)

Tip 예수님의 치유는 말씀만으로도 가능하지만 직접 손을 대고 치유하기도 합니다. 어떻게 하든지 그것은 말씀으로 치유함을 의미합니다. 이것은 상황에 따라 믿음에 확신을 주는 의미가 있습니다.

말씀의 실천

1. 오늘 말씀에서 깨달음과 도전을 주는 말씀은 무엇입니까?

2. 오늘 말씀을 통해 이번 주에 실천해야 사항과 삶의 적용을 위한 구체적인 실천 계획을 말해 보십시오.

3. 오늘 말씀을 통해 발견한 기도제목은 무엇입니까? 아울러 함께 기도의 시간을 가지십시오.

_____

_____

 내가 깨달은 영적 교훈과 삶의 적용

칠병이어의 기적

| 성경 본문 | **마가복음 8:1-21**

8장은 갈릴리 전도의 종반기입니다. 예수님은 유대 교권
자들의 배척을 받으시고 갈릴리를 떠났으나 다시 갈릴리
에 돌아오셔서 이적을 행하시며 바리새인의 잘못된 교훈
을 조심하라고 말씀하십니다. 기적 사건을 통하여 보이
는 것에 집착하는 외적인 신앙과 세상과 타협하는 신앙
과 율법적인 외식 종교의 문제점을 드러내면서 경고하고
있습니다.

말씀의 살핌

1. 예수님에게 몰려온 사람들은 며칠을 굶었습니까?(1-2)

_____

_____

2. 무리를 돌려보낼 수 없는 상황과 음식을 구할 수 없는 상황에서 예수님은 어떻게 문제를 해결했습니까?(3-7)

_____

_____

3. 먹고 남은 광주리는 몇 개이며 몇 명이 먹었습니까?(8-10)

_____

_____

4. 이 기적 사건을 본 바리새인들의 반응은 무엇이었습니까?(11)

_____

_____

5. 예수님이 탄식하며 하신 말씀을 정리해 보십시오.(12-13)

_____

_____

6. 떡을 준비하지 못하여 서로 걱정하며 의논하는 제자들에게 예수님이 경계하시며 교훈하신 말씀을 정리해 보십시오.(14-21)

말씀의
깨달음

1. 예수님이 베푸신 기적의 목적은 무엇입니까?

Tip 눈에 보이는 표적으로 눈에 보이지 않는 믿음을 갖게 하기 위함입니다. 보아야 믿는 악한 세대에게 표적이 주어지면 믿음을 갖게 되지만 표적으로 믿는 경우는 많지 않습니다. 표적이 없어도 믿는 믿음이 온전한 믿음입니다. 우리 신앙은 점차 그렇게 나아가야 합니다.

2. 바리새인들과 헤롯(당) 누룩은 구체적으로 무엇을 의미합니까?(참고. 마 16:6, 사두개인들은 현세주의자들로 정치세력인 헤롯당원이 되는 경우가 많았다.)

Tip 바리새인들과 헤롯당은 정치적이며, 인간적인 사람들을 의미합니다. 마음에 이런 잘못된 동기를 가지면 믿음이 자라지 않고 믿음이 생기지 않습니다. 들어도 듣지 못하고 보아도 보지 못하는 경우가 생깁니다.

3. 눈에 보이는 기적을 보면서 우리가 얻어야 하는 영적 교훈은 무엇입니까? 아울러 기적과 표적 신앙의 문제점을 말해 보십시오.

4. 눈과 귀가 열리는 신앙을 가지기 위해 우리가 해야 할 일은 무엇입니까?

말씀의
실천

1. 오늘 말씀에서 깨달음과 도전을 주는 말씀은 무엇입니까?

2. 오늘 말씀을 통해 이번 주에 실천해야 사항과 삶의 적용을 위한 구체적인 실천 계획을 말해 보십시오.

3. 오늘 말씀을 통해 발견한 기도제목은 무엇입니까? 아울러 함께 기도의 시간을 가지십시오.

 내가 깨달은 영적 교훈과 삶의 적용

저자 이대희 목사

장로회 신학대학교 신학대학원(M.Div)과 연세대학교 연합신학대학원(Th.M)을 졸업하고 현재 에스라성경대학원대학교 성경학박사(D.Lit) 과정 중이다.

예장총회교육자원부 연구원과 서울장신대학교 신학과 교수와 겸임교수를 역임하고 서울 극동방송에서 "알기 쉬운 성경공부" "기독교 이해" 등의 프로그램을 진행했다. 지난 20여 년 동안 성서사람 · 성서한국 · 성서교회 · 성서나라의 모토를 가지고 한국적 성경교육과 실천사역을 위해 집필과 세미나와 강의사역을 하고 있다. 현재 바이블미션(www.bible91.org) 대표, 꿈을주는교회 담임목사, 강남성서신학원 외래교수, 서울장신대 외래교수로 사역 중이다.

저서로 《30분 성경공부시리즈》《투데이 성경공부시리즈》《아름다운 십대 성경공부시리즈》《이야기대화식성경연구》《성경통독을 위한 11가지 리딩포인트》《심방설교 이렇게 준비하라》《예수님은 어떻게 교육했을까?》《1% 가능성을 성공으로 바꾼 사람들》《자녀를 거인으로 우뚝 세우는 침상기도》《하룻밤에 배우는 쉬운 기도》《하나님 이것이 궁금해요》《크리스천이 꼭 알아야 할 100문 100답》 등 100여 권이 있다.

마가복음 1

초판 1쇄 발행일 / 2010년 7월 15일
초판 2쇄 발행일 / 2017년 1월 23일

지은이 / 이대희
펴낸이 / 김학룡
펴낸곳 / 엔크리스토
마케팅 / 이동석, 유영진
관리부 / 김동인, 신순영, 정재연, 박상진

출판등록 / 2004년 12월 8일(제2004-116호)
주 소 / 경기도 고양시 일산동구 장대길 74-10 (장항동)
전 화 / 031-906-9191   팩 스 / 0505-365-9191
이메일 / 9191@korea.com
공급처 / 기독교출판유통

ISBN 978-89-92027-88-5 04230
    89-89437-85-7 (세트)

값 3,500원

- 잘못된 책은 바꾸어 드립니다.
- 이 교재의 사용 방법, 내용, 훈련, 세미나에 대한 문의는 바이블미션(02-403-0196, 010-2731-9078)으로 해주시면 최선을 다해 도와드리겠습니다.

엔크리스토 성경공부 양육 교재

투데이 성경공부

평생 성경공부할 수 있도록 구성한 시리즈. 주제별로 구성되어 있어 각 교회의 상황에 맞게 커리큘럼을 재구성하여 사용할 수 있다.

101 신앙기초(전 9권 완간) | 201 예수제자(전 9권 완간) | 301 새생활(전 12권 완간)
601 성경개관(전 10권 완간) | 401·501 발간 예정

30분 성경공부

신앙생활의 기초를 다루었으며 신앙의 전체 그림을 그릴 수 있는 2년 과정의 소그룹 성경교재다. 성경공부를 시작할 때 사용하면 효과적이다.

믿음편 | 기초 · 성숙   생활편 | 개인 · 영성 · 교회 · 가정 · 이웃 · 일터 · 사회 · 세계
성경탐구편 | 창조시대 · 족장시대 · 출애굽시대 · 광야시대 · 정복시대/사사시대 · 통일왕국시대 ·
분열왕국시대 · 포로시대/포로귀환시대 · 복음서시대1 · 복음서시대2 · 초대교회시대 · 서신서시대

아름다운 십대 성경공부

십대들이 꼭 알아야 할 성경의 핵심내용과 기독교적 가치관, 세계관을 정립하는 데 필요한 핵심주제를 담고 있으며, 3년 과정으로 구성되었다.

101 자기정체성 · 복음 만남 · 신앙생활 · 멋진 사춘기 · 예수의 사람(전 5권)
201 가치관 · 믿음뼈대 · 십대생활 · 유혹탈출 · 하나님의 사람(전 5권)
301 비전과 진로 · 신앙원리 · 생활열매 · 인생수업 · 성령의 사람(전 5권)

틴꿈 십대성경공부

성경 전체의 내용을 핵심적으로 구성되었으며, 성경 파노라마를 통해 십대들이 알아야 할 성경의 맥과 개관을 다루고 구약책과 신약책 중에서 십대에 맞는 책을 선택하여 집중적으로 유형별로 균형 있게 공부할 수 있다.

1년차 성경개관 | 성경파노라마 1, 2, 3, 4, 5(전5권)
2년차 구약책 | 창세기 · 에스더 · 다니엘 · 잠언 · 전도서(전5권)
3년차 신약책 | 누가복음 · 로마서 · 사도행전 · 빌립보서 · 요한계시록(전5권)
• 틴~ 꿈 새가족 양육교재

엔크리스토 성경공부 양육 교재

책별 66권 성경공부

성경 전체 66권을 각 권별로 자유롭게 선택하여 사용할 수 있는 성경공부.
성경 전체를 체계적으로 연구할 수 있다.

창세기 1 · 2 · 3 · 4, 느헤미야, 요한복음 1 · 2, 로마서, 에스더, 다니엘, 사도행전 1 · 2 · 3
요한계시록 1 · 2, 마가복음 1 · 2 (계속 발간됩니다)

엔크리스토 제자양육성경공부

한 사람을 온전한 제자로 만드는 과정으로 7단계로 구성되었있다. 전도(복음소개)와
양육(일대일 양육, 이야기대화식 성경공부)과 영성(영성훈련)의 3차원을 통전적으로
연결되어 있으며 제자훈련 과정으로 적합하다.

복음소개 · 일대일 양육 · 새로운 사람 · 성장하는 사람
변화된 사람 · 영향력 있는 사람 · 영성훈련(전7권)

인도자를 위한 지침서

• 인도자 지침서(십대 성경공부 101 · 201 · 301시리즈) | 이대희 지음 | 각 10,000원
• 인도자 지침서(틴꿈 십대성경공부) | 이대희 지음 | 10,000원
• 인도자 지침서(엔크리스토 제자양육성경공부) | 이대희 지음 | 10,000원
• 인도자 지침서(30분 성경공부 믿음편 기초, 성숙 | 생활편 개인, 교회)
  | 이대희 지음 | 10,000원

성경공부에 필요한 참고 서적

• 이야기 대화식 성경연구 | 이대희 지음 | 10,000원
• 크리스천이 꼭 알아야할 100문 100답 | 이대희 지음 | 10,000원
• 꿈을 이루는 10대 크리스천을 위한 52가지 | 이대희 지음 | 10,000원